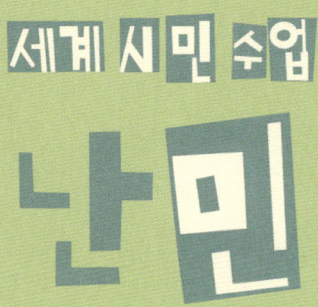

세계 시민 수업

# 난민

세계 시민 수업 ①

난민

왜 목숨 걸고 국경을 넘을까?

박진숙 글 | 소복이 그림

# 차례

수업을 시작하며 6

## 01 난민은 왜 목숨 걸고 나라를 떠나나요?

난민이 도대체 뭐예요? 12
난민에도 종류가 있다고요? 16
난민은 그리 멀리 있지 않아요 19
꼬마 시민 카페 난민은 손님이에요 22

## 02 시리아 난민은 어디로 가야 할까요?

세상을 슬픔에 빠뜨린 사진 한 장 26
40년 전에 심어진 불행의 씨앗 29
시리아 난민 가족의 험난한 여정 31
시리아 난민을 환영합니다! 34
꼬마 시민 카페 그냥 전쟁만, 전쟁만 멈춰 주세요! 38

## 03 콩고에서는 전쟁이 왜 자꾸 일어날까요?

콜탄을 캐는 아이들 42
자원이 많아 전쟁도 많은 나라 44
내전의 시작, 콩고의 비극 46
정치 난민 욤비 49
꼬마 시민 카페 한국에서 태어난 콩고 난민 아이 54

## 04 티베트 아이들이 히말라야를 넘는다고요?

눈 덮인 히말라야를 넘는 아이들   58
나라를 빼앗긴 티베트 사람들   60
독립의 희망, 티베트 어린이 마을   64
꼬마 시민 카페   티베트 난민과 함께해요   68

## 05 민주화를 위해 싸우는 버마 난민들

멜라 난민 캠프에 사는 루파   72
버마 민주화의 꽃, 아웅 산 수 치   74
도서관을 세우는 마웅저   78
꼬마 시민 카페   버마의 마더 테레사, 신시아 마웅   84

## 06 대한민국에서 난민들은 어떻게 살아갈까요?

난민 신청서, 이게 뭐야?   88
돼지고기는 싫어요   90
고생 끝에 낙이 온다고요?   92
한국을 선택한 게 아니에요   96
꼬마 시민 카페   난민과 함께하는 단체들   98

수업을 마치며   100

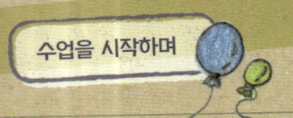 수업을 시작하며

# 돌아갈 수 없는 사람들

혹시 한 번이라도 비행기나 배를 타고 외국에 나가 본 적이 있나요? 요즘에는 명절이나 여름휴가 때 외국으로 여행을 떠나는 사람들로 공항이 북적거리지만, 누구나 해외여행을 자유롭게 할 수 있게 된 때는 불과 27년 전이에요. 서울 올림픽이 치러진 다음 해인 1989년에야 비로소 평범한 사람들도 자유롭게 국경을 넘을 수 있게 되었거든요.

시간과 돈만 있다면 언제든지 해외로 나갈 수 있는 자유가 우리에게 있어요. 때론 공부를 하러 멀리 떠나기도 하고, 돈을 벌기 위해 외국으로 나가기도 하죠. 우리나라에도 일을 하기 위해 온 외국인 노동자, 결혼을 하러 온 이주 여성들, 공부하러 온 유학생들을 모두 합해서 외국 사람들 수가 190만 명이 넘어요. 2007년 추석 때 텔레비전 뉴스에서 외국인 100만 시대가 왔다고 시끌벅적하게 떠들었던 기억이 나는데, 10년도 채 지나지 않아 두 배로 늘어났군요.

한국으로 온 그 많은 사람들 중에는 어쩔 수 없는 사정 때문에 할 수 없이 고국을 등진 사람들도 있어요. 사랑

하는 가족들과 인사를 나눌 겨를도 없이 헤어져 마냥 그리워하면서도 '돌아갈 수 없는 사람들', 바로 난민이에요. 단지 비행기 표를 살 돈이 없어 못 돌아가는 것은 아니고, 여전히 고국이 위험하기 때문에 아무리 가족이 보고 싶어도 가지 못한다고 해요.

원하지 않았는데도 피치 못할 사정으로 가족과 고국을 떠날 수밖에 없었던 난민들은 생각보다 훨씬 많아요. 난민들을 위해 일하는 유엔 난민 기구는 지난 6월 20일 난민의 날을 맞아, 세계 난민의 수가 6천만 명이 넘었다고 발표했어요. 감이 잘 안 오죠? 여러분이 잘 아는 영국이나 프랑스 같은 나라 전체 인구와 비슷하고, 호주 인구보다 세 배나 많은 수예요. 전 세계 인구로 따지자면, 100명 가운데 한 명이 난민이라는 계산이 나오니까 정말 어마어마하게 많은 셈이죠.

이 중에 어릴 적 학교에서 써내는 장래 직업란에 난민을 적어 낸 사람은 없었을 테죠. 난민들은 대체 어떤 사연으로, 무엇을 찾아 국경을 넘을까요? 전 세계 난민들 가운데 절반은 부모 없이 혼자 낯선 나라

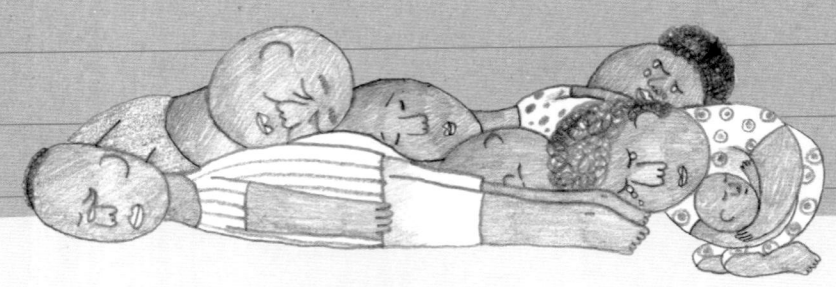

로 떠나는 아이들이라고 하니 더욱 궁금해집니다. 아직 엄마 아빠 품에서 재롱을 부릴 나이에, 짐 보따리를 챙겨 위험을 무릅쓰는 난민 아이들. 이제까지 별 관심을 두지 않았던 난민들의 이야기에 한번 귀 기울여 볼래요?

이 책에는 다양한 난민들의 이야기가 담겨 있어요. 정치적으로 올바른 주장을 했다가 체포되어 고문까지 당하자 가족을 남겨 두고 콩고를 떠나온 욤비 교수 이야기, 콩고의 미국 대사관에서 성실하게 일하다 스파이로 몰려 헐레벌떡 어디로 가는지도 모르고 다급하게 비행기에 오른 미야 아줌마 이야기는 마치 첩보 영화 같아서 손에 땀을 쥐게 한답니다.

추운 계절에 제대로 된 신발과 옷도 없이 히말라야 산맥을 넘는 티베트 아이들의 이야기를 들을 때면 마음이 조마조마해요. '제발, 아이들 모두 산을 넘어 안전한 곳에 도착하게 해 주세요.' 이런 기도가 절로 나온답니다. 터키 보드룸 해변에서 자는 것처럼 누워 하늘 나라로

떠난 시리아 난민 아이의 이야기는 마음을 아리게 합니다.

  지금 같은 지구에서 살고 있는 아이들의 이야기인데도, 처음에는 마치 다른 행성에서 일어나는 일인 양 생소할 테지만 아마 또래 친구들의 이야기라 더 마음이 갈 것이라 생각해요. 대한민국에서 난민으로 살아가는 아이들의 이야기도 담겨 있답니다. 이 책에 등장하는 난민 친구가 어쩌면 여러분이 다니는 학교에서 함께 공부하고 있을지도 모를 일이죠.

  이제까지 남 일처럼 멀게만 느껴지던 난민들의 이야기에 귀를 쫑긋 세우다 보면, 그리 멀지 않은 우리 이웃의 일처럼, 친구의 일처럼 다가올 거에요. 다양한 형편에 있는, 나와 전혀 다른 사람들의 이야기를 듣고 공감하는 것이 세계 시민 교육의 첫걸음이 되겠지요?

# 난민은 왜 목숨 걸고 나라를 떠나나요?

'난민' 하면 뭐가 떠오르나요?
아프리카 난민 캠프에서 줄 서서 식량 배급을 기다리는 사람들,
아이를 업고 보따리를 이고 걸어가는 여자들,
파도가 치는 바다를 보트를 타고 건너는 사람들이 떠오를 거예요.
하나같이 집을 떠난 사람들이에요.
이들은 왜 익숙하고 편안한 집을 떠나야만 할까요?
춥고 배고프고 생명의 위협까지 느끼면서
길을 나서야 하는 이유를 알아보아요.

### 난민이 도대체 뭐예요?

2004년에 상영된 〈터미널〉이라는 영화에는 졸지에 난민이 된 빅터라는 사람이 나와요. 빅터가 자기 나라를 떠날 때만 해도 평화로웠는데, 미국 뉴욕의 공항에 도착해 보니 그 사이에 쿠데타가 일어났대요. 그 바람에 일시적으로 나라가 없어지고 말았답니다. 빅터는 '무국적자(나라가 없는 사람)'가 되었어요. 이제 공항을 나가 미국으로 들어갈 수도 없고 자기 나라로 돌아갈 수도 없는 딱한 처지에 놓였어요.

영화는 아주 코믹하게 빅터의 난민 생활을 그리고 있어요. 빅터는 공항 안에서 어떻게든 살아남아야 하니까 별별 아이디어를 다 동원합니다. 카트를 정리해서 사람들에게 인심을 사고 공항 안에서 일자리를 구하기도 해요. 마지막에는 공항에서 일하는 한 여인과 사랑에 빠지면서 해피엔딩으로 마무리되지요. 난민들의 이야기가 이렇게 재밌고 아름답게 끝났으면 좋겠다는 희망이 들게 하는 영화예요.

난민은 어떤 사람일까요? 난민에 대한 강의를 하

러 가면, 우리나라에도 난민이 있느냐는 질문이 가장 먼저 나와요. 그 다음에는 난민이 어떤 사람들인지 묻는 질문이 뒤따르지요. 아주 쉽게 말하면, 난민은 빅터처럼 '자기 나라로 돌아갈 수 없는 사람'이에요. 돌아갈 수 없는 이유가 여러 가지이겠지요. 빅터는 나라가 없어지는 바람에 돌아갈 수 없게 되었는데 이런 경우는 흔치 않아요. 그것보다는 정치적으로 다른 의견을 내세웠다가 박해를 받거나, 다른 종교

를 믿는다는 이유로 어려움을 당하거나, 민족이 다르다는 이유로 심한 차별을 겪는 경우가 더 많답니다.

예전에 독재를 하는 대통령에게 올바른 소리를 했다가 체포되어 감옥에 갇히고 고문을 당하다가 친구들의 도움으로 간신히 나라를 떠나온 사람을 만나 봤어요. 여자로 분장을 하고 비행기를 타야 할 정도로 긴박하고 위험한 상황이었다고 하더군요. 또 어떤 사람은 국가의 중요한 정보를 빼돌린다는 간첩 누명을 쓰고 급하게 떠나와야 했어요. 자기 때문에 군인들에게 가족들까지 위협을 받는 것을 보고 떠나기로 결심했다고 해요.

난민들은 자기 나라로 돌아가고 싶어도 쉽게 돌아갈 수가 없어요. 돌아가면 위험한 상황에 놓일 수 있다고 느끼기 때문이랍니다. 여전히 독재자가 국민들을 위협하고 있는 나라로 돌아가려면 엄청난 용기가 필요할 거예요. 또 용기를 내는 게 좋은 것만도 아니에요. 돌아가서 아무 일도 해 보지 못하고 안 좋은 일을 당할 가능성이 높으면 기다리는 편이 훨씬 낫겠지요.

한 가지 꼭 알아 두어야 할 사실은, 난민들 가운데 누구도 자기가 난민이 되리라고 예상하지 못했다는 것이에요. 일부러 난민이 된 게 아니라 갑자기 닥친 어려움 때문에 어쩔 수 없이 '난민'이라는 꼬리표를 달게 된 것이랍니다. 한 달 전까지만 해도 아무 걱정 없이 요리사

로 일하거나 학교에서 공부를 했던 평범한 사람들이었어요. 이들이 위험을 피해 다른 나라로 오면서 원래 가졌던 이름과 직업은 사라지고 난민이라는 두 글자로 불리게 되는 것이지요.

## 난민에도 종류가 있다고요?

난민에도 종류가 있습니다. 무슨 이유로 어려움을 당해서 다른 나라로 떠나왔느냐에 따라 나뉘어요. 우리나라에 온 난민들 중에는 정

치 난민이거나 종교 난민이 가장 많아요. 소수 민족이거나 여성이라는 이유로 차별과 박해를 받아서 떠나온 난민들도 있고요. 가족이 모여 살기 위해 온 난민들도 있어요.

  우리나라는 난민이 많이 발생하는 지역과 거리가 멀어서 대량으로 난민이 들어오지 않지만, 유럽은 지금 400만 명이 넘는 시리아 난민들을 어떻게 보호할지 큰 고민에 빠져 있다고 하죠. 이렇게 나라 사이의 전쟁이나 나라 안의 전쟁 때문에 엄청나게 많은 난민들이 한꺼번에 생기는 경우가 종종 있어요. 이런 사람들을 흔히 전쟁 난민이라고 부르곤 해요.

1950년대 우리나라에서도 6·25 전쟁 때문에 피난민들이 끝을 알 수 없이 늘어서서 남쪽으로 내려갔어요. 그 와중에 부모를 잃고 전쟁고아가 되어 해외로 입양된 난민 아이들도 많았다고 해요. 그러고 보니 우리나라도 난민이라는 단어와 인연이 깊은 나라인 셈입니다.

2007년에 캐나다 토론토에 가서 캐롤리나라는 사람을 만난 적이 있어요. 캐롤리나 아줌마는 칠레에서 독재 정권에 맞서 싸우다가 체포될 위험에 처하는 바람에, 30년 전에 남편과 어린아이들을 데리고 캐나다에 난민으로 왔다고 했어요.

캐롤리나 아줌마의 이야기를 EBS 다큐멘터리에서 본 적이 있어서 얼마나 반가웠는지 모른답니다. 한국에서 난민들과 일하고 있다고 하니까 더 애정을 보이면서 친절하게 대해 주었죠.

캐롤리나 아줌마가 이야기해 준 것 가운데 두 가지가 가장 기억에 남아요. 한 가지는 한국도 1950년대에 전쟁으로 난민이 생겼을 때 다른 나라의 도움을 많이 받았으니까 이제는 갚아야 할 때라고 강조한 말이었어요. 다른 한 가지는 캐롤리나 아줌마네 가족이 칠레를 떠나오면서 가져온 물건들 이야기였는데, 전통적인 목각 작품과 아이들이 좋아하는 인형을

짐 꾸러미에 싸 왔다는군요. 목각 작품은 칠레의 전통과 문화를 기억하기 위해, 인형은 친구와 집을 갑자기 잃어버린 아이들이 너무 외롭지 않게 해 주기 위해 급한 와중에도 챙겼다고 했어요.

## 난민은 그리 멀리 있지 않아요

유엔 난민 기구에서 만든 포스터를 한번 볼까요? 영어로 "여기서 뭐가 잘못됐죠?"라고 쓰여 있군요. 이 중에 어떤 사람이 난민인지 찾아볼까요? 다들 평범하고 별다른 것 없어 보이는데 누가 난민일까요?

위에서 셋째 줄 오른쪽에서 두 번째, 줄무늬 반팔 티를 입은 사람이 보이나요? 이 사람이 난민이라고 유엔 난민 기구에서는 설명하고 있어요. 다른 사람들

은 무언가 하나씩 살아가는 데 필요한 도구들을 들고 있는데, 이 사람만 아무것도 갖고 있지 않은 걸 눈치챘을 거예요.

난민들은 이 그림에서처럼 눈에 잘 띄지 않아요. 우리와 똑같은 사람이니까요. 하지만 급히 나라를 떠나느라 살아가는 데 필요한 것들이 없어 힘들어할 뿐이죠.

미국에서 부통령을 지낸 앨 고어라는 사람이 있어요. 앨 고어는 장애인의 인권을 강조한 연설로 유명해요.

"저나 여러분이 오늘 집에 돌아가다가 여자(남자)가 되거나, 피부색

이 바뀔 가능성은 없습니다. 하지만 장애인이 될 가능성은 있죠."

　이 연설에 장애인이라는 단어 대신 난민을 넣어 보면 어떨까요? 지금은 난민이 너무 먼 이야기 같지만, 누구나 난민이 될 수 있다는 점을 기억할 필요가 있어요.

꼬마 시민 카페

# 난민은 손님이에요

학교에 가서 강연을 하기 전에 친구들에게 "난민이 어떤 사람이라고 생각해요?"라고 묻곤 해요. 대답은 주로 거지, 범죄자, 도망자, 불쌍한 사람 같은 것들이지요. 이런 대답을 하는 것을 보면, 아직도 난민이라고 하면 부정적인 모습을 많이 떠올리는 것 같아요.

난민은 '손님'이에요. 어려운 일을 당해 잠시 보호와 도움을 받으러 온 손님인 것이지요.

옆집에서 불이 났다고 가정해 볼까요? 거기 살던 이웃들이 우리 집으로 잠시 피신해 온다면, 아마 기꺼이 잠자리와 먹을 것을 내어 줄 거예요. 사람이면 누구나 어려움을 당한 사람을 도우려고 하니까요. 난민의 경우도 마찬가지라고 보면 돼요.

나라들끼리 맺는 약속을 국제 협약이라고 부르는데, 우리나라는 1992년에 국제 난민 협약에 가입했어요. 우리나라에 오는 난민들을 쫓아내지 않고 보호하고 지원하겠다는 약속을 한 것이지요.

난민들 중에는 지식인들이 많아요. 특히 정치 난민들 중에는 그 나라를 대표할 만한 엘리트 출신들도 있답니다. 그중에 어떤 사람은 망명했던 나라에서 공부도 더 하고,

민주주의를 배우고 돌아가 대통령이 되기도 했어요. 고 김대중 대통령이 바로 그런 경우이지요. 우리나라에 온 난민들을 잘 보호하면, 앞으로 그 나라에 가서 훌륭한 일을 해낼 가능성이 높아요.

10년 전 크리스마스 때 음비 씨가 당차게 했던 말이 문득 생각나는군요. "소원이 뭐예요?"라고 묻자, 한시도 주저하지 않고 "콩고 대통령이 되는 겁니다."라고 밝혔어요. 당시에 음비 씨는 포천에서 이주 노동자로 살고 있는 형편이라 말도 안 되는 허풍이라고 여겼죠. 하지만 10년이 지난 지금, 어엿한 교수님이자 국제 인권 활동가가 되었고 아시아를 대표해 유엔 회의에 참석하고 있어요.

우리가 난민들을 잘 대접하는 것은 어려움을 당한 이웃을 돕는 일이고, 그 나라의 희망찬 미래에 보탬이 되는 일이랍니다.

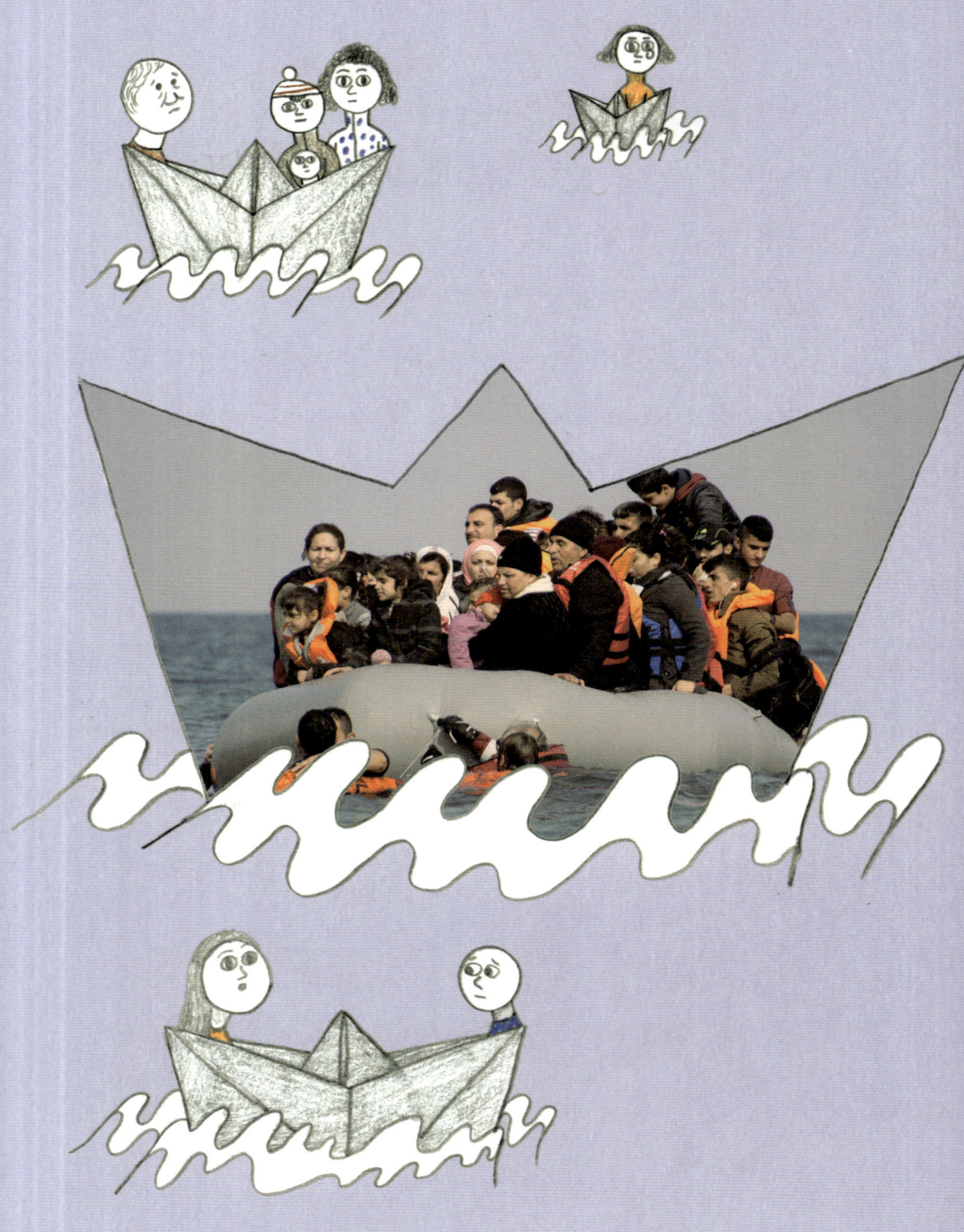

# 시리아 난민은 어디로 가야 할까요?

'이슬람 난민'이 유럽으로 몰려든다는 이야기를 들은 적이 있죠?
난민들을 받아들이고 잘 대해 주는 나라도 있지만
국경을 막아 버리고 들어오지 못하게 하는 나라들도 있어요.
난민들은 전쟁터로 변해 버린 나라에서 살 수 없기에
다른 나라로 떠나는 건데, 이들을 막으면 어떻게 될까요?
난민들은 살아남기 위해 위험한 고무보트를 탄대요.
고무보트는 종종 거센 파도에 뒤집히고
보트에 탄 사람들은 파도에 휩쓸려 세상을 떠나고 말아요.
이렇게 참혹한 일들이 왜 일어나는 걸까요?

## 세상을 슬픔에 빠뜨린 사진 한 장

2015년 9월, 한 장의 사진이 전 세계를 충격과 슬픔에 빠뜨렸어요. 터키의 보드룸 해안가에서 숨진 채 발견된 세 살배기 아이의 사진이었어요. 빨간 반팔에 파란 반바지를 입고 마치 편안히 잠자는 것 같아 보이는 아이의 이름은 아일란 쿠르디입니다.

아일란의 가족은 시리아 난민이었어요. 아빠와 엄마, 형과 함께 아일란은 그리스로 가는 배에 몸을 실었어요. 그곳에 가서 난민 신청을 하려고 했던 것이죠. 위험하고 불안한 시리아를 떠나 그리스로 가는 보트에 몸을 실을 때만 해도, 아일란의 가족은 꿈에 부풀어 있었을 거예요. 하지만 안타깝게도 고무보트는 뒤집어졌고, 아일란은 엄마와 형과 함께 헛되이 죽음을 맞이할 수밖에 없었어요.

유일하게 살아남은 아일란의 아빠는 너무나 큰 슬픔에 빠졌어요. 사랑하는 아내와 목숨보다 소중한 아이들을 동시에 잃어버린 아빠의 마음은 감히 짐작하기 어려울 정도겠지요?

여러분 가운데 대부분은 아마 시리아라는 나라의 이름이 낯설 거예요.

　아일란 쿠르디의 죽음이 세상에 알려지기 전까지는 많은 사람들이 시리아에 대해 무관심했답니다. 도대체 어디에 붙어 있는 나라인지도 모를 정도였으니까요. 자, 지도에서 한번 확인해 볼까요?
　지도의 맨 오른쪽 끝에 있는 나라가 시리아예요. 바로 옆에 터키가 붙어 있는 것이 보이죠? 터키에서 에게해를 건너면 그리스로 갈 수 있어요. 시리아 난민들의 최종 목표는 그리스를 통해 유럽 연합에 들어간 후에 난민들을 적극적으로 반겨 주는 독일로 가는 것이랍니다.
　누구나 자기가 태어난 나라에서 안전하게 살고 싶어 할 텐데, 시리아 사람들은 왜 목숨을 걸면서까지 위험한 고무보트에 몸을 싣고 다

른 나라로 가고 싶어 할까요? 답은 의외로 간단해요. 국민들을 보호하고 지켜 주어야 할 국가가 제 역할을 하지 못하기 때문이죠. 2011년부터 시작된 내전 때문에 시리아에서는 400만 명 이상의 난민이 발생했어요. 시리아 사람들은 언제쯤 태어나고 자란 고국으로 돌아갈 수 있을까요? 시리아 땅에서 전쟁이 그치는 날, 그날이 올까요?

### 40년 전에 심어진 불행의 씨앗

 고요하고 평화롭던 시리아를 쑥대밭으로 만든 장본인들이 누굴까요? 내전을 겪는 어느 나라나 마찬가지이지만 시리아도 원래부터 싸움을 좋아하는 나라는 아니었어요. 불행은 2011년에 시작되었어요. 아일란 쿠르디가 태어나기 불과 1년 전이죠.
 하지만 불행의 씨앗은 이미 40년 전에 심어졌어요. 시리아는 알아사드 정권이 무려 40년 동안 대를 이어 독재 정치를 하고 있었거든요. 독재가 오래될수록 국민의 권리는 무시되고 자연스럽게 불만이 쌓여 갔지요. 독재자 알아사드 대통령이 속해 있는 이슬람 종파인 시아파는 전체 인구의 12퍼센트밖에 안 되는데, 모든 권력을 손에 쥐고 국민들을 탄압하고 감시했어요.

엎친 데 덮친 격으로 2011년 무렵에는 물가가 가파르게 오르고 청년들이 일자리를 찾지 못하는 등 경제적으로 더욱 어려워졌어요. 시리아는 중동에서 가장 못사는 나라가 되었고, 청년들 다섯 명 가운데 한 명은 일이 없어 놀아야 했답니다.

살기가 힘들어질수록 국가에 대한 불만은 커집니다. 독재 정부에 대한 시리아 청년들의 불만이 하늘을 찌르게 되었고, 결국 2011년 1월 하산 아클레라는 젊은이가 자기 몸에 불을 질러 스스로 목숨을 끊는 일이 벌어지고 말았어요. 이 사건을 계기로 정부군과 반군 사이에 본격적인 충돌이 시작되었지요.

여기에 강대국들이 개입하기 시작하면서 일이 더 복잡해졌어요. 시리아를 가운데 두고 힘이 센 나라들 간에 다툼이 벌어지면서 무기를 경쟁적으로 사용한 결과, 오히려 더 많은 난민들이 발생하게 되었지요. 나라들 간의 일이란 생각만큼 간단하지 않은 모양이에요. 겉으로는 시리아를 돕는다고 하지만, 속으로는 시리아 내전을 통해 이익을 얻고자 하는 마음이 큰가 봅니다.

시리아에서 나는 천연가스를 누가 차지하느냐 하는 문제 때문에 시리아 사태는 해결될 기미가 보이지 않는다고 해요. 자원을 둘러싼 강대국들 간의 정치 싸움 때문에 평범한 사람들이 고향을 떠나 난민이 되는 거예요.

## 시리아 난민 가족의 험난한 여정

시리아 난민들이 가장 가고 싶어 하는 나라가 어디일까요? 시리아 난민들을 환영해 주는 독일이라고 해요. 독일은 이미 유럽에서 가장 많이 난민을 받아들인 나라로 유명하답니다. 독일은 이번 시리아 사태에 대해서도 인도적인 모습을 보여 주고 있어요.

시리아 난민들이 독일까지 가는 길은 절대 만만하지가 않아요. 장장 3,200킬로미터에 달하는 거리를 굶주림과 공포 속에서 이동해야 해요. 그 첫 관문이 바로 터키의 난민 수용소에서 그리스의 레스보스 해안으로 가는 보트를 타야 하는 것입니다. MBC 시사 교양 프로그램

인 〈PD 수첩〉에서 취재한 내용을 보면 이 보트가 얼마나 위험한지 똑똑히 알 수 있어요. 터키의 난민 수용소에서 더 이상 아무런 희망을 찾지 못하는 시리아 난민들은 보트를 타기 위해 브로커(사기성을 갖고 흥정을 붙이는 일을 하는 사람)에게 비싼 값을 지불해요. 떠나는 날 난민들은 이른 새벽부터 숲에 숨어 있어야 해요. 터키 해안 경찰에게 들키면 잡혀가 감옥에 갇히기 때문이죠. 난민들은 가장 경비가 소홀한 시간을 틈타 보트로 달려가 허술하기 짝이 없는 구명조끼를 입고 급하게 출발해요. 이때 가장 큰 문제는 작은 보트에 너무 많은 사람들을 태운다는 것이에요.

서투른 초보 운전자에게 운전을 맡긴 채 한 시간 반 동안 거친 파도를 뚫고 그리스의 레스보스 해안으로 간다는군요. 이런 위험한 탈출에서 성공할 확률은 불과 20퍼센트도 되지 않아요. 다섯 척의 배 가운데 한 척만 겨우 바다를 건널 수 있다는 말이지요. 아일란 쿠르디도 바로 이 보트를 탔다가, 출발한 지 채 5분도 되지 않아 배가 뒤집히는 바람에 안타깝게 목숨을 잃은 것이에요.

죽을 고비를 넘기고 간신히 그리스의 레스보스 해안에 내리면 '보트 난민 재단'의 봉사자들이 나와서 물과 먹을 것을 주고, 젖은 몸을 담요로 따뜻하게 감싸 줍니다. 그러면 일단 살아서 에게해를 건넜다는 안도감으로 난민들의 얼굴에는 웃음꽃이 피어요.

기뻐하는 시리아 난민에게 한국 취재진이 다가가 "어디로 가고 싶으신가요?"라고 묻자 그 사람은 이렇게 답했어요. "안전한 곳이면 어디든 좋아요."

가족과 안전한 곳으로 갈 수만 있다면 더 이상 바랄 것이 없다는 말이겠지요? 아마 그때는 잘 몰랐을 거예요. 그 순간이 바로 가족과 안전한 곳으로 가기 위한 엄청난 여정의 시작에 불과하다는 사실을요.

처음 시리아를 떠난 난민들은 최소한 6개 나라를 거치게 됩니다. 시리아 → 터키 → 그리스 → 마케도니아 → 세르비아 → 헝가리 → 오스트리아 → 독일. 그림으로 보면 한눈에 알 수 있어요.

지도로 얼핏 봐도 절대 쉽지 않은 거리예요. 시리아를 떠난 난민 가운데 절반이 열여덟 살이 안 된 아동입니다. 이런 어린아이들을 데리고 이 먼 길을 이동하는 게 얼마나 힘들지 상상이 안 될 정도입니다. 보통 이동 중에는 먹을 것과 마실 것이 충분하지 않아 하루에 빵 한 조각, 요구르트 한 개가 전부일 때도 많아요. 굳이 이렇게 고생을 하면서 유럽으로 가는 이유가 무엇일까요? 무하마드 부인은 아주 간단하게 답해 주었어요.

"아이들은 우리의 미래예요. 아직 한참 어린데 죽게 내버려 둘 수는 없었어요."

이것이 바로 온갖 위험과 굶주림, 공포를 무릅쓰고 난민들이 탈출해서 새로운 땅으로 향하는 이유예요.

## 시리아 난민을 환영합니다!

시리아 난민에 대한 유럽 국가들의 태도는 어떨까요? 다들 "어서 오세요!" 양손을 흔들면서 반겨 줄까요? 그렇지 않아요.

아일란 쿠르디의 죽음으로 시리아 난민에 대한 세계 여러 나라의 관심이 높아지고 있을 즈음에 헝가리에서 눈살을 찌푸리게 하는 일이 일어났어요. 헝가리 방송국의 기자가 경찰들을 피해 달아나는 시리아 남성의 발을 일부러 걸어 넘어뜨린 것이지요. 남성이 어린 남자아이를 안은 채 넘어지는 모습이 전 세계에 생생하게 보도되면서, 기자를 비난하는 소리가 높아졌어요. 자신을 방어하기 위해 발을 걸었다고 변명했지만 결국 기자는 해고되고 말았답니다.

그냥 취재만 하면 되었을 텐데 아이를 안고 가는 시리아 난민을 넘어뜨린 이유가 무엇이었는지 확실히 알 수는 없어요. 아마도 극적인 장면을 연출하려고 했거나, 난민들을 반기지 않는 마음이 밖으로 나온 것인지도 모르겠어요.

난민들을 별 이유 없이 싫어하는 사람들이 있는가 하면, 이웃의 마음으로 반겨 주는 사람들도 많아요. 그때 헝가리 기자의 발에 걸려 넘어졌던 시리아 남성과 아이를 스페인 '축구 코치 트레이닝 센터'에서 초청했다는군요. 시리아 남성이 축구 감독이었다는 이야기를 듣고 축구 선생님으로 불러 준 것이에요. 직업만 준 것이 아니라 살 집도 제공해 주고 아이의 양육비도 따로 도와주고 있다고 해요. 그 가족은 이제 난민이라는 이유로 천대를 받거나 도망 다니지 않아도 되겠지요.

난민들이 독일의 뮌헨 역에 도착해서 시민들의 환영을 받는 장면을 보면 가슴이 뭉클해지곤 해요. 많은 사람들의 환영을 받으면서 어리둥절해하는 시리아 아이들과 어른들의 얼굴을 보면 살짝 웃음이 나요. 3,200킬로미터의 대장정을 마치고 역에 내렸는데, "시리아 난민은 너희 나라로 당장 돌아가라."며 시위하는 사람들을 만난다면 마음이 힘들 텐데 말이지요.

난민을 받아들이는 문제는 생각만큼 간단하지가 않아요. 그렇게 적극적으로 난민을 반겨 주던 독일도 요사이에는 고민에 빠져 버렸거든요. 독일의 메르켈 총리는 난민을 적극적으로 받아들이는 지도자로 유명하죠. '우리는 할 수 있다'라는 이름으로, 난민들이 독일에 잘 적응하도록 여러 가지 교육 프로그램도 열심히 펼치고 있어요.

하지만 독일 국민들 모두가 메르켈 총리의 난민 정책을 찬성하는 것은 아니에요. 어떤 사람들은 '독일이 난민들을 잘 받아 주니까 오히려 난민들이 목숨을 걸고 탈출한다.'고 비난하기도 해요. 어떤 독일 정치인은 '난민들을 끌어들이는 정책을 줄이자.'고 주장하기도 하죠. '난민들을 많이 받아들여 독일 사람들이 하기 싫어하는 일을 적은 돈을 주고 시키려 한다.'고 생각하는 사람들도 더러 있고요.

독일뿐 아니라 유럽의 많은 나라가 난민을 얼마나 받아들일 것인가, 받아들인 다음에 어떻게 잘 적응하도록 도울 것인가, 이런 고민들에 빠져 있어요. 이미 30만 명 가까운 난민을 받아들인 독일이 앞으로 어떻게 난민들과 함께 조화롭게 살아갈지, 세계인들이 관심 있게 지켜보고 있답니다.

꼬마 시민 카페

# 그냥 전쟁만, 전쟁만 멈춰 주세요!

2015년 9월 4일, 아일란 쿠르디의 죽음으로 인해 온 세계가 시리아 난민들을 주목하고 있을 때 또 다른 시리아 아동이 세계를 감동시켰어요. 바로 키난 마살메흐라는 열세 살 소년이었는데요, 그날 키난은 헝가리의 부다페스트 기차역에서 독일로 가는 기차를 기다리고 있었어요. 마침 옆에 있던 중동의 한 방송국 기자가 이 소년에게 카메라를 들이대고 인터뷰를 했어요.

키난은 전 세계 사람들에게 간절하게 호소했어요.

"시리아 사람들을 제발 도와주세요. 유럽으로 가고 싶지 않아요. 전쟁만 멈춰 주세요. 그게 제 바람이에요."

키난의 말이 맞아요. 시리아 난민들이 정말 원하는 것은 잘사는 유럽의 어떤 나라에 가서 안전하게 사는 것이 아니에요. 그냥 자신들이 태어나고 자란 고향

땅에서 가족들과 행복하게, 하던 일을 계속하면서 살아가는 것이지요.

터키의 난민 수용소에 있는 시리아 난민 아동들은 고향 코바니를 그리워하면서

오늘도 이렇게 노래해요.

"코바니의 오늘은 슬프다.

밤에는 사람들이 죽어 갈 것이다.

항상 눈앞에 어른거린다.

오! 코바니."

# 03 콩고에서는 전쟁이 왜 자꾸 일어날까요?

'아프리카' 하면 뭐가 떠오르나요?

오랫동안 굶주려서 뼈만 앙상하게 남은 아이들,

구호 천막 앞에서 배급을 받으려고 길게 줄을 서 있는 사람들,

작은 키에 걸맞지 않은 큰 소총을 메고 있는 남자아이,

주로 이런 것들이죠.

아프리카는 왜 이렇게 가난한 사람들이 많을까요?

또 왜 이렇게 전쟁이 끊이지 않는 걸까요?

아프리카에서 두 번째로 큰 나라 콩고 민주 공화국으로 가 보아요.

## 콜탄을 캐는 아이들

오늘도 프레데릭은 아침 일찍 일어나 광산으로 향해요. 전쟁 통에 부모님을 모두 잃고 고아가 된 프레데릭은 갈 곳을 찾다 콩고 동쪽 광산 지역까지 오게 되었어요. 거기에 가면 힘은 들지만 밥을 먹을 수 있다고 들었기 때문이지요.

콜탄이라는 광석은 아주 인기가 많아요. 요즘 사람들은 대부분 스마트폰을 가지고 다닙니다. 지하철을 타면 책을 읽는 사람을 찾아보기 힘들어요. 모두 다 스마트폰으로 게임도 하고 뉴스나 드라마를 보느라 바쁘죠. 이제 스마트폰은 현대인에게 없어서는 안 될 중요한 물건이 되었어요. 스마트폰을 만드는 데 꼭 필요한 광석이 바로 콜탄이랍니다.

콜탄은 다이아몬드나 금처럼 반짝이지 않아요. 겉으로 보기엔 그냥 평범한 검은 돌일 뿐이에요. 콩고 사람들은 외국

인들이 콜탄을 왜 그렇게 좋아하는지 의아해한다고 해요. 예쁘게 깎아서 손가락에 낄 수도 없는 하찮은 돌일 뿐인데 말이죠.

프레데릭 같은 아이들은 콜탄이 어디에 쓰이는지, 얼마에 팔리는지

도 모른 채 망치와 끌만 가지고 매일같이 갱도에 들어가요. 허술한 갱도가 무너지면 목숨을 잃을지도 모르지만, 굶주리지 않고 한 끼라도 먹으려면 어쩔 수 없어요. 콜탄에는 어떤 비밀이 숨겨져 있을까요? 우리는 스마트폰을 비싸게 주고 사는데, 프레데릭은 왜 이렇게 힘든 상황을 벗어날 수 없는 걸까요?

## 자원이 많아 전쟁도 많은 나라

콩고는 아프리카 한가운데 위치한 나라인데, 아프리카 대륙에서 세 번째로 커요. 남북한을 합한 크기의 땅이 11번이나 들어갈 수 있을 정도로 어마어마하게 크답니다. 크기만 한 것은 별로 자랑거리가 되지 않을 수 있지요. 콩고의 자랑거리는 뭐니 뭐니 해도 풍부한 자원이에요. 산과 강, 들이 고루 있기 때문에 물고기 종류도 많고, 귀한 나무들과 식물들, 향이 좋은 열매들도 곳곳에 널려 있어요. 그중에서도 세계적으로 가장 주목을 받는 자원은 값이 많이 나가는 광물들입니다.

결혼 예식에 빠지지 않는 다이아몬드와 금도 많이 매장되어 있고,

핵무기를 만드는 데 꼭 필요한 우라늄도 콩고에서 유명한 광물이에요. 공공연한 비밀을 하나 더 말하자면, 2차 세계 대전 때 일본을 공격했던 핵폭탄도 콩고에서 채취한 우라늄으로 만든 거랍니다. 이 정도 되면 콩고의 풍부한 자원이 전 세계에 미치는 영향력이 얼마나 대단한지 짐작할 수 있겠지요?

그런데 참 이상하게도 콩고는 그 많은 자원을 다 어디다 쓰는지 국민들은 여전히 너무 가난하게 살고 있어요. 1970년대에는 땅덩어리도 작고 내세울 자원이 하나도 없어서 인적 자원, 즉 사람을 최고의 자원으로 여기고 교육에 힘쓴 우리나라보다 콩고가 훨씬 더 잘살았다고 해요. 지금 이렇게 가난한 게 정말 이해할 수 없는 일이군요.

수수께끼의 열쇠는 엉뚱하게도 바로 귀중한 자원이 너무 많다는 데 있어요. 우리 속담에 '사촌이 땅을 사면 배가 아프다.'라는 말이 있죠? 남이 잘되는 꼴을 보기 싫어하는 사람들을 일컫는 말이에요. 콩고가 갖고 있는 풍부한 자원을 탐내는 나라들에게도 어울릴 만한 속담이에요. 2차 세계 대전 이후로 가장 많은 사람이 죽었다는 콩고 내전도 결국 자원이 많아서 생긴 비극이라고 할 수 있거든요.

　　강대국들은 겉으로는 '평화 유지군'이라는 이름으로 콩고의 평화를 위해 애쓰는 것 같지만, 속으로는 콩고의 자원을 어떻게 하면 값싸게 가져올까에 관심이 많아요. 콜탄 같은 자원들을 싸게 가져오려면 콩고 사람들이 계속 내전을 벌이고 정치적으로 불안정한 상태여야 하는 것이지요. 많은 다국적 기업들이 콩고에 진출해 있지만 콩고의 교육과 발전에 힘쓰기보다는, 누가 더 자원을 많이 가져오는지 경쟁하고 있다고 해요. 이러니 프레데릭이 광산에서 벗어나기가 쉽지 않아 보여요.

## 내전의 시작, 콩고의 비극

　　콩고의 비극은 내전과 더불어 본격적으로 시작됩니다. 콩고는 오랫

동안 벨기에의 식민지였어요. 아프리카에 있는 많은 나라들이 영국이나 프랑스의 식민지였다는 사실을 알고 있을 거예요. 콩고는 그중에서도 프랑스어권 국가인 벨기에의 식민지였고, 그런 이유로 지금까지 프랑스어를 공용어로 사용하고 벨기에식 교육 제도를 유지하고 있어요.

 1960년에 오랜 식민 지배에서 벗어나 독립했을 때, 콩고 사람들은 이제 자유 민주주의 세상이 될 것이라며 희망에 부풀었어요. 하지만 현실은 그렇지 못했어요. 자원이 풍부한 지역에서 독립을 선언하면서 내란이 일어나자, 혼란을 틈타 당시 참모 총장이었던 모부투가 쿠데타를 일으켰거든요. 결국 모부투가 모든 권력을 차지하게 되었고, 그 이후로 32년간 독재 정치를 하여 콩고 사람들을 고통에 빠뜨렸어요.

 1997년, 독재에 반발한 게릴라 출신 로랑 카빌라가 모부투 대통령을 암살하고 정권을 차지했을

때도 콩고 국민들은 기대에 부풀었어요. "이제야 드디어 자유와 희망이 오는구나." 하고요. 하지만 사태는 더욱 험악해져 자원을 둘러싸고 대규모 내전이 터지면서 불과 몇 년 사이에 400만 명에 달하는 희생자가 나왔어요. 콩고 내전을 '3차 세계 대전'이라고 부를 정도로 엄청나게 많은 사망자를 낸 것이죠.

콩고의 비극은 지금도 계속됩니다. 현재 대통령으로 있는 조제프 카빌라 역시 마땅히 국민들을 위해 사용해야 할 자원들을 독차지하고 있어요. 자신을 비롯한 고위 공직자들과 강대국에서 온 기업들의 배를 불리는 데만 쓰지요.

## 정치 난민 욤비

〈인간극장〉이라는 TV 프로그램을 본 적이 있나요? 독특한 인생을 살아가는 사람들의 감동적인 이야기를 소개하는 프로그램이죠. 여기에는 가끔 외국인들이 나오는데, 2013년 2월에는 콩고에서 온 난민인 욤비 씨 가족의 이야기가 방영됐어요. 그때 첫 화면을 장식했던 제목이 '굿모닝, 미스터 욤비'였답니다.

난민이라고 하면 왠지 슬프고 어두운 얼굴을 하고 있어야 할 것 같은데, 욤비 씨 가족은 모두 밝고 유머가 있어서 마치 코미디언 가족을 보는 것 같았죠. 그래서 사람들이 더 많이 호응을 해 주었나 봐요. 힘들다고 징징거리기만 하는 사람들한테는 오히려 관심이 안 가는 법이잖아요. 당시에 욤비 씨는 부천의 한 치과에서 주차 담당자로 일했는데, 〈인간극장〉을 감동 깊게 본 어느 대학의 총장님이 욤비 씨를 교수로 채용했어요. 지금은 대한민국 최초의 '난민 교수'가 되어서, 난민뿐 아니라 소외받고 억울한 일을 겪는 외국인들의 인권과 평화를 위해 부지런히 강연을 하러 다닌답니다.

인상 좋은 옆집 아저씨처럼 푸근한 욤비 씨는 왜 그 먼 콩고에서 우리나라까지 와서 난민이 되었을까요? 도대체 어떤 기구한 사연이 있었던 걸까요? 콩고에는 250여 개의 부족이 있는데, 욤비 씨는 키토나 부족의 왕자로 태어났대요. 열세 살에 고향을 떠나 고생스럽게 공부한 결과, 남들이 부러워하는 비밀 정보원이라는 직업을 얻고 부자 동네에서 살게 되었지요.

하지만 행복도 잠시, 정의감이 남달랐던 욤비 씨는 조제프 카빌라 대통령과 측근들의 비리를 그냥 넘길 수 없었어요. 국민들을 차별하고 부당하게 대하며, 강대국과 몰래 손잡고 자원을 빼돌려 자신들의 부를 쌓는 악행을 참을 수 없었던 것이지요.

어느 날 용기를 내서 대통령의 잘못을 낱낱이 밝힌 편지를 비서실

을 통해 전달했는데, 바로 체포되어 모진 고문을 당하고 비밀 감옥에 갇혔어요. 아주 다행스럽게도 친구들의 도움으로 감옥을 탈출할 수 있었고, 극적으로 콩고를 떠나 우리나라에 왔어요.

욤비 씨는 6년 동안 공장 노동자로 살았어요. 피부색이 검고 한국말을 못하는 외국인이 우리나라에서 좋은 일자리를 구하는 것은 하늘의 별따기거든요. 가족들을 데려오지 못한 아픔과 억울함으로 괴로워하며 지내던 욤비 씨는 좋은 변호사들과 친구들 덕분에 2008년에 난민으로 인정받게 되었어요. 꿈에도 그리던 가족들과도 6년 만에 만나게 되었고요.

욤비 씨처럼 용기 있게 콩고 정부의 잘못을 지적해서 고통을 당하다가 구사일생으로 목숨을 건지고 우리나라로 피해 온 사람들이 여러 명 있어요. 이들은 인터넷을 통해 꾸준히 콩고의 정치 상황을 살피고, 친구들과 진지하게 토론하면서 조국 콩고의 평화를 되찾고자 노력하고 있어요. 너무 멀지 않은 미래에 콩고가 스스로 힘을 길러서 자원을 탐내는 무리들을 물리치는 날이 오면, 다시 콩고로 돌아가고 싶다고 합니다.

 꼬마 시민 카페

# 한국에서 태어난 콩고 난민 아이

모모의 엄마 아빠는 콩고에서 온 난민이에요. 따로 왔지만 한국에서 만나 서로 의지하다가 부부가 되었지요. 엄마는 미국 대사관에서 일했는데, 콩고 정부의 비밀을 르완다로 빼돌린다는 간첩 누명을 쓰고 급히 콩고를 탈출했다고 해요. 중간에 비행기를 갈아타려고 남아프리카 공화국 공항에서 기다렸는데, 그때야 여권에 한국 비자가 붙어 있는 것을 알았다고 하니 상황이 얼마나 다급했는지 짐작이 갑니다. 그리고 아빠는 차별을 많이 당하는 민족 출신이었는데 이에 항의하는 시위를 했다가, 어려움을 당해 친구의 도움으로 한국으로 오게 되었어요.

두 사람은 결혼하고 모모를 낳자 매우 기뻤어요. 하지만 기쁨도 잠시, 낳고 보니 모모는 자동으로 난민이 되었어요. 한국에서 태어났지만 한국 정부는 부모 가운데 한 사람이라도 한국 사람이어야 자녀에게 국적을 준답니다. 모모의 부모는 모두 콩고 사람이니까 콩고 대사관에 가서 출생 신고를 하고 국적을 받아야 하는데, 신분이 드러나면 콩고 정부에서 찾아와 박해를 할까 두려워 그렇게 하지 못했어요.

그래서 모모는 어느 나라에서도 국민으로 인정하지 않는 무국적자가 되었답니다.

다른 사람들은 너무도 당연하게 누리는 권리를 모모는 태어나면서부터 많이 빼앗겨야 했어요. 모모가 어렸을 때는 엄마 아빠가 아직 난민으로 인정받지 못한 상태여서 의료 보험도 없었답니다. 가뜩이나 없는 형편에 감기만 걸려도 병원비와 약값을 3배 이상 지출해야 하니까, 모모는 함부로 아플 수도 없었어요.

모모는 지금 초등학교 4학년으로 늠름하게 자랐어요.

모모가 한국에서 계속 살지, 아니면 나중에 다시 엄마 아빠의 나라로 돌아갈지는 아무도 몰라요. 다만 어디에 있든 한국에서 나고 자란 아이로서 좋은 추억을 많이 갖고 어른이 되었으면 좋겠습니다.

# 티베트 아이들이 히말라야를 넘는다고요?

'세계의 지붕'이라고 불리는 히말라야 산맥은

아시아 대륙 중앙에 있어요.

인도, 네팔, 부탄, 티베트 등 여러 나라에 걸쳐 있지요.

히말라야 산맥에서 가장 높은 봉우리가 에베레스트입니다.

히말라야에는 수많은 봉우리들이 있는데, 여름에도 눈 덮인 곳이 많아요.

그런데요, 히말라야를 넘는 아이들이 있대요.

예닐곱 살밖에 안 된 아이들이 걸어서 히말라야를 넘는다니,

도대체 무슨 일일까요?

## 눈 덮인 히말라야를 넘는 아이들

"페마, 자면 안 돼. 눈 떠!"
수야가 졸면서 걷고 있는 일곱 살 소녀 페마를 세게 흔들었어요. 페마뿐 아니라 여덟 살 소년 돈둡도 졸음이 쏟아져 술 취한 사람처럼 비틀거렸어요.
"돈둡! 멈춰! 거기 서!"
수야가 소리를 크게 질렀어요. 오른쪽은 깜깜한 낭떠러지였는데, 커브 길에서 돈둡이 앞으로 똑바로 걸어간 거예요. 돈둡은 낭떠러지 바로 앞에서 겨우 멈췄답니다.

정말 아찔한 이야기이지요? 《히말라야를 넘는 아이들》이라는 책에는 이처럼 조마조마한 이야기가 많이 나와요. 여섯 살에서 열다섯 살 사이의 아이들이 눈으로 뒤덮인 히말라야를 허술한 차림으로 걸어서 넘는다는 건 보통 일이 아니었어요. 계절은 봄으로 접어들었지만 눈바람은 여전히 매서웠지요. 배도 고프고 목도 마른 아이들에게는 휴식이 간절히 필요했어요.

하지만 잠시도 앉아서 쉴 수가 없었어요. 추운 곳에서 자면 동상에 걸릴 위험이 컸고, 무엇보다 중국 경찰한테 붙잡히지 않으려면 새벽이 올 때까지 부지런히 걸을 수밖에 없었답니다.

신이 보호하는 최고의 가이드라고 소문난 니마는

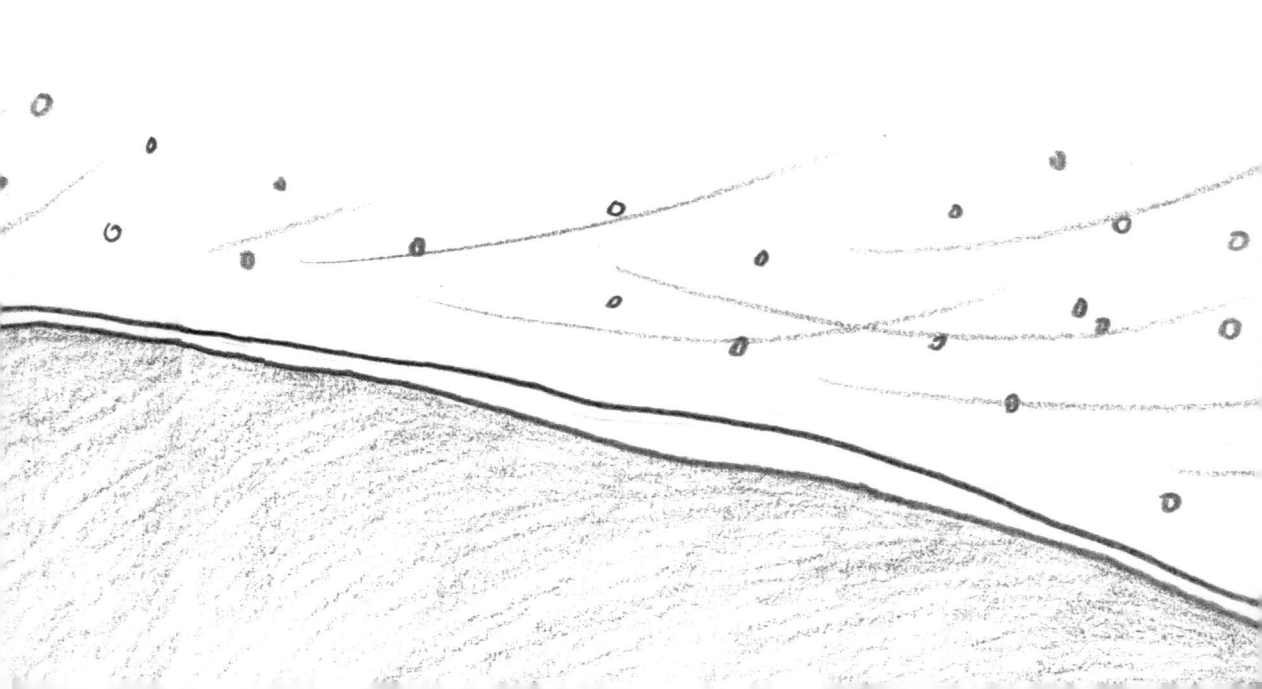

열이 펄펄 나는 와중에도 티베트 아이들 다섯 명을 목숨처럼 챙기며 결국 한 명도 잃어버리지 않았어요. 젊은 군인 출신 수야는 아이들을 들쳐 업고, 깨우고, 달래느라 잠시도 쉴 틈이 없었지요.

이렇게 어린아이들이 히말라야를 넘어 어디로 가는 걸까요? 바로 인도의 다람살라로 향하는 것이에요. 티베트 인들의 영적 지도자인 달라이 라마가 망명해 있는 곳이지요.

## 나라를 빼앗긴 티베트 사람들

티베트는 중국에 나라를 빼앗긴 지 60년이 넘었어요. 1950년에 중국이 무력을 앞세워 티베트를 침략했고, 전혀 저항할 준비가 되어 있지 않았던 티베트는 꼼짝없이 당하고 말았지요. 눈앞에서 나라를 빼앗기는 것을 지켜만 보았던 티베트 사람들은 1959년에 대규모 민중 봉기를 일으켰지만 8만 7천여 명이 목숨을 잃고 말았어요. 수많은 사람들이 중국 군인의 총칼에 스러져 버렸던 것이에요. 결국 생명의 위협을 느낀 달

라이 라마는
인도 북부의 산간 마을 다람살라로
망명해서 티베트 망명 정부를 세우기에 이른답니다.

우리나라도 일본으로부터 나라를 빼앗기고 식민지 지배를 받았던 시기에 상해에 임시 정부를 세웠으니까, 한국과 티베트의 역사가 비슷하다고 할 수 있겠네요. 하지만 가장 큰 차이점은 우리나라는 다행히 35년 동안 나라 잃은 설움을 당하고 독립했지만, 티베트는 60년이 지나도록 나라뿐 아니라 종교, 교육, 문화, 전통을 송두리째 빼앗긴 채 아직까지도 고통당하고 있다는 사실이랍니다.

60년이라는 긴 세월 동안 중국은 티베트 사람들의 정신을 말살하기 위해 여러 정책을 펴 왔어요. 학교에서 아이들에게 중국어를 쓰도록 하고, 티베트 동쪽 도시들을 중국 이름으로 바꾸고, 게다가 그 땅에 중국 사람들을 옮겨 가게 했어요. 굴러 온 돌이 박힌 돌을 빼내는 것처럼 티베트 사람들을 오히려 손님이 되도록 만드는 것이지요.

그러는 동안 중국 정부는 티베트 땅에서 나는 중요한 천연자원들을 빼 가고 있는데 값을 전혀 지불하지 않고 있어요. 결국 중국이 티베트를 욕심내는 진짜 이유가 천연자원과 영토 확장 때문이라는 걸 알아챌 수 있어요.

티베트 사람들은 60년이 넘도록 나라를 되찾을 희망을 버리지 않

고 있어요. 중국 군인들이 무자비한 폭력을 휘둘러도 티베트 사람들은 무력을 전혀 사용하지 않고 평화적으로 맞선답니다. 달라이 라마도 인도의 간디처럼 비폭력을 주장하는 것으로 유명하죠. 1989년에는 그러한 공로를 인정받아 노벨 평화상을 받았어요. 티베트 사람들에게 달라이 라마는 단순한 종교 지도자가 아니라 신적인 존재이며 곧 나라입니다.

지금 이 순간에도 티베트를 비롯한 세계 곳곳에서 독립과 자유를 위한 평화 시위들이 끊임없이 이어지고 있어요. '티베트에 자유를!'이라는 단순한 문구 속에는 티베트 사람들의 간절하고도 강력한 염원이 담겨 있다는 것을 기억해 주세요.

### 독립의 희망, 티베트 어린이 마을

'티베트 어린이 마을'은 페마나 돈둡처럼 부모 없이 티베트를 탈출한 아이들이 모여 사는 마을이에요. 1960년 인도 북부 다람살라에 달라이 라마의 여동생인 제춘 페마가 세웠다고 해요. 지금까지 이곳을 통해 도움을 받은 티베트 난민 아이들의 수는 1만 6천 명이 넘을 정도로 많아요. 열 살이 채 되지 않은 아이들부터 조금 큰 아이들까지 히말라야를 넘어 온 아이들이 이곳에서 티베트식으로 교육받으며 티베트 독립을 꿈꾸고 있답니다.

티베트 부모들이 위험을 무릅쓰고 아이들을 홀로 이곳에 보내는 이유가 무엇일까요? 아이를 다람살라로 보낸 티베트 엄마는 이렇게 이야기했어요.

"티베트에서는 마음대로 할 수 있는 자유가 없죠. 학교에서 중국어로만 교육을 하니까 아이가 집에 와서도 중국어로만 말하려고 해요. 달라이 라마 이야기는 절대 입 밖으로 꺼내면 안 되죠. 우리는 정신을 잃어버리고 있어요. 그래서 자유롭게 티베트식 교육을 받게 하려고 위험하고 힘들더라도 아이를 다람살라로 보내는 거예요. 아이들은 티베트의 꿈이자 희망이니까요."

어린 나이에 엄마 아빠 없

이 낯선 곳에서 지내야 하는 티베트 난민 아이들, 그 아이들의 어깨에 티베트의 미래가 걸려 있는 셈이지요. 아이들의 어깨가 많이 무거울까요? 막상 아이들을 만나 보면 그렇게 거창하게 생각하지 않는 것 같아요. "엄마가 보고 싶어요."라며 눈물을 글썽거리다가도 금세 친구들과 장난치고 노는 호기심 넘치는 아이들일 뿐이거든요.

티베트 어린이 마을에서는 누나나 형이 엄마 아빠 역할을 대신해 준답니다. 서로 도와주고 의지하며 형제자매처럼 지내지요. '헬프 마더'라는 선생님이 있기는 한데, 한 명이 너무 많은 아이들을 돌봐야 하니까 아이들은 어리광을 피울 수가 없어요. 직접 찬물에 빨래도 하고 청소도 하면서 자립심을 길러야 해요.

티베트 어린이 마을을 세운 제춘 페마는 이렇게 말했어요. 티베트인이면 누구나 언젠가는 티베트로 돌아갈 것이라는 희망을 품고 있다고요. 그래서 티베트를 생각하면 힘을 낼 수 있대요. 이러한 마음은 비단 어른들만의 것이 아니에요. 히말라야를 넘어 티베트 어린이 마을에 오는 아주 어린아이들도 같은 마음이지요. 티베트 어린이 마을에서 열심히 공부하고 이다음에 크면 티베트를 위해 뭔가를 해야겠다고 다짐한대요. 티베트 난민 아이들의 희망이 이루어지는 날이 분명 오겠지요?

꼬마 시민 카페

# 티베트 난민과 함께해요

록빠는 티베트 난민을 돕는 단체예요. 록빠는 티베트 말로 '돕는 이'라는 뜻인데, 이 단체는 인도의 다람살라에 있어요. 빼마라고 불리는 한국 여성이 티베트 남성 잠양과 결혼한 후에, 티베트 난민 아이들을 위해 이 단체를 세웠답니다.

록빠는 벌써 10주년을 맞이했어요. 처음에는 방치되어 있는 티베트 난민 아이들을 위한 탁아소로 시작했지만, 지금은 엄마들이 일하는 작업장과 거기서 만들어진 수공예품을 파는 카페도 같이 운영하고 있어요.

우리나라에도 록빠에서 만든 예쁜 상품들을 파는 가게가 있답니다. 바로 경복궁 근처 사직동에 있는 '사직동 그 가게'라는 곳이에요. 그곳에 가면 인도의 전통차 '짜이'를 마시면서 티베트 난민 여성들이 만든 수공예품도 구경하고, 티베트어로 된 그림책도 볼 수 있어요. 작은 상품을 하나 구입하는 것만으로도 티베트 난민 아이들의 교육을 돕는 셈이 된다는군요.

빼마가 몇 년 사이에 가장 열심히 하는 것은 티베트어로 된 동화책을 만드는 일이에요. 다람살라가 인도에 속해 있다 보니 티베트 난민 아이들이 자연스럽게 인도의 힌디어를 접하게 되면서 점점 티베트의 문화와 역사, 정신을 잃어 가고 있어요. 빼마는 티베트 아이들이 모국어로 된 책을 통해 자신들의 전통과 문화에 담긴 가치를 알아 나가길 간절히 바란답니다. 아직 네 권밖에 출판하지 못했지만, 앞으로도 돈이 모일 때마다 계속 책을 내려고 계획하고 있어요.

# 민주화를 위해 싸우는 버마 난민들

'버마'를 들어 본 적이 있나요? '미얀마'는요?

버마의 공식 국명은 미얀마예요.

안타깝게도 이 이름은 군부를 앞세운 독재 정부가 억지로 붙인 이름이에요.

민주화 운동가들은 버마라는 명칭을 사용한답니다.

오랫동안 군사 독재 정부가 국민들을 탄압해서

수많은 난민들을 발생시켰어요.

그래도 버마 국민들은 희망을 버리지 않고 아이들 교육에 힘쓰고,

민주주의를 위해 싸웠답니다.

버마의 이야기 속으로 들어가 보아요.

## 멜라 난민 캠프에 사는 루파

루파는 아침부터 마음이 두근두근했어요. 오늘이 바로 미술 대회 결과 발표가 있는 날이거든요. 태국 메솟 지역에 있는 10개 초등학교들끼리 미술 대회를 한다고 해서 루파도 지난주에 그림을 냈어요. 선생님은 잘 그렸다고, 가능성이 있으니 기대해 보라고 하셨지만 여전히 자신은 별로 없어요. 그래도 혹시나 하는 마음에 가방을 챙기는 손이 파르르 떨렸답니다.

아이들이 등교를 거의 마칠 즈음, 몇 달 동안 그림을 가르쳐 준 선생님이 앞에 나오셨어요.

"많이들 기다렸죠? 오늘은 미술 대회 결과를 알려 주는 날이에요. 우리 학교에서도 입상한 학생이 있답니다. 누굴까요?"

루파는 심장이 방망이질하는 것 같았어요. 얼른 알려 주지 않는 선생님이 야속했어요. 됐든 안 됐든 빨리 알고 싶었거든요.

"바로 루파입니다. 자, 루파 앞으로 나오세요. 3등 상이군요."

'정말 나란 말이야?' 루파는 꿈을 꾸는 것

만 같았어요. 상이라고 해 봐야 종이 한 장에 공책 한 권이 전부였지만, 아이들에게 박수를 받는 그 순간 루파는 세상을 다 가진 것처럼 행복했어요.

루파의 아빠는 버마 난민이에요. 1988년 8월 8일에 있었던 8888 항쟁 때 고등학생 신분으로 독재와 맞서 싸웠어요. 아빠는 늘 버마의 민주화를 위해 일해야 한다고 하셨어요. 민주화 운동이 뭔지 루파는 잘 몰라요. 다만 민주화 운동 때문에 버마에 살지 못하고 태국 메솟이라는 곳에 피난 와서 살게 되었고, 루파와 언니들이 태어나자마자 난민이 되었다는 것 정도만 알 뿐이지요.

이번 미술 대회에서 루파는 한 번도 가 보지 못한 버마의 시골 풍경

을 그렸어요. 아빠와 엄마가 어릴 적 살던 고향인데 사진으로 보기엔 아주 평화로운 곳이었어요. 루파는 언젠가 그곳에 꼭 가 보고 싶은 마음을 담아 정성껏 그렸는데, 미술 선생님에게 칭찬도 받고 상도 타서 아주 기분이 좋답니다.

    루파의 친구들은 멜라 난민 캠프에서 태어났거나 어릴 때 그곳으로 온 아이들이에요. 좋은 교육을 받게 하려고 부모가 일부러 캠프로 보낸 아이들도 있어요. 이곳에서는 태국어, 영어를 무조건 배워야 해요. 집에서는 버마어를 쓰니까 언어를 세 개나 배워야 하는 거죠. 루파도 어릴 때는 너무 힘들고 많이 헷갈렸어요. 하지만 지금은 세 개 언어를 자연스럽게 할 수 있답니다.

    사정이 좋지 않은 캠프도 있다고 들었는데, 멜라 난민 캠프에서 좋은 교육을 받을 수 있어 다행이라고 엄마는 늘 말씀하시곤 해요. 버마가 민주화되고 독재가 완전히 사라지는 날, 루파는 가족들과 함께 돌아가겠지요? 아빠 얼굴에 웃음꽃이 피는 걸 루파는 꼭 보고 싶어요.

## 버마 민주화의 꽃, 아웅 산 수 치

    버마의 민주화 운동과 난민 이야기를 할 때, 꼭 빠지지 않는 분이

바로 아웅 산 수 치 여사예요. 여러분도 아마 TV나 책에서 이름을 들어 본 적이 있을 거예요. 사진으로만 보면 아웅 산 수 치 여사는 아주 가녀린 귀부인 같은 모습이랍니다.

1988년 8888 항쟁 당시, 영국인 남편과 결혼해 외국에 머물던 아웅 산 수 치 여사는 병든 어머니를 돌보러 귀국해 있던 참이었어요. 그때까지만 해도 그저 공부를 많이 해서 학식이 높고, 인자하게 두 아들을 돌보는 평범한 가정주부에 불과했던 것이지요. 그런데 바로 눈앞에서 버마 군인들이 국민들을 무참히 죽이는 모습을 보고 가만히 있을 수가 없었어요.

알고 보면 아웅 산 수 치 여사는 평범하게 살 수 없는 운명을 타고 났는지도 모르겠어요. 여사의 아버지인 아웅 산 장군은 버마 독립의 상징과도 같은 인물이거든요. 모든 국민들이 존경하는 분을 아버지로 둔 아웅 산 수 치 여사는 독재자들의 폭력에 국민들이 고통당하는 것을 참을 수가 없었고 당당히 맞서 싸우기로 했어요.

그때를 시작으로 무려 15년 동안 아웅 산 수 치 여사는 가택 연금 상태로 묶인 몸이 되어 살았어요. 간디의 비폭력주의와 불교의 영향을 받은 아웅 산 수 치 여사는 폭력을 쓰지 않고 끝까지 평화로운 방법으로 버마의 민주화를 이루고자 했어요. 여사가 1991년에 노벨 평화상을 수상할 수 있었던 이유도 바로 이런 의지 때문이었답니다.

고진감래 즉 고생 끝에 즐거움이 온다는 말이 있지요? 아웅 산 수 치 여사도 헛되이 고생을 한 것이 아니었어요. 2015년 11월 8일, 25년 만에 치러진 자유선거에서 아웅 산 수 치 여사가 이끄는 민주주의 민족 동맹이 압승을 거두었어요. 상, 하원 의석의 59퍼센트인 390석을 확보했지요. 세계가 들썩일 만큼 기쁘고도 놀라운 일이었답니다. 여러 유명한 방송사들이 입을 모아 이것은 아웅 산 수 치 여사만의 승리가 아니라, 버마 국민들의 승리라고 칭찬을 아끼지 않았어요.

## 도서관을 세우는 마웅저

마웅저 씨는 버마에서 온 난민이에요. 아니, 난민이었어요. 지금은 우리나라에서 받은 난민 신분을 반납하고 다시 버마로 돌아갔답니다. 우리나라에서 난민으로 지내면 더 안전하고 좋을 것 같은데 굳이 고국으로 돌아간 이유가 뭘까요?

마웅저 씨는 루파의 아빠처럼 고등학생 때 8888 항쟁에 참가했어요. 한창 공부하기 바빴을 나이에 겁도 없이 시위에 참여했다는 사실이 상상하기 힘들지요? 하지만 우리나라도 독재 정권 때 비슷한 일이 많았어요. 학생들도 거리로 나설 만큼 나라가 절박한 상황에 처해 있었으니까요.

8888 항쟁에 참가한 이후부터 줄곧 군부의 감시를 받아 오던 마웅저 씨는 상황이 더욱 악화되자, 1994년에 몇몇 친구들과 한국으로 망명하였어요. 가까운 태국으로 가는 친구들도 많았지만, 마웅저 씨는 한국으로 가서 민주화 운동에 대해 배우고 싶었대요.

처음에는 외국인 노동자 신분으로 와서 잠시만 있다가 돌아가려고 했는데 생각대로 되지 않았어요. 버마의 정치 상황이 나아질 기미가 보이지 않자 섣불리 돌아갈 수가 없었던 것이지요. 그 당시에 돌아갔

다면 큰 화를 당했을 수도 있었다고 합니다.

　이러지도 저러지도 못한 채 한국에 있는 기간이 길어지자 2000년에 결국 난민 신청을 하게 되었어요. 여기서 하나 짚고 넘어갈 것이 있어요. 정치적인 박해를 피해서 왔으면 처음부터 난민 신청을 하고 안정적으로 한국에서 살 수도 있었는데, 한국에 온 지 6년이 지나서야 뒤늦게 신청한 이유가 뭘까요? 난민 신청 제도를 잘 몰랐을까요? 그렇지는 않아요. 그들은 모두 지식인이었고, 주변에서 난민 신청을 하라고 일찍부터 조언해 준 사람들도 있었어요.

　그러나 굳이 마다했던 이유는 '우리는 바로 돌아갈 사람들이다. 여기 난민으로 있으려고 피해 온 것이 아니다.'라는 생각 때문이었지요. 마웅저 씨를 비롯해 버마의 민주화 운동에 앞장섰던 사람들이 얼마나 굳은 마음으로 한국에 왔는지 알 수 있어요.

　결국 마웅저 씨는 한국에서 난민 지위를 신청할 수밖에 없었어요. 그런데 기대와는 달리 난민 지위를 인정받기가 쉽지 않았어요. 마웅저 씨는 여러 어려움에 부딪혔는데, 가장 힘들었던 점은 한국말을 못 하는 상황에서 좋은 통역을 구하기 어려웠다는 거예요. 통역이 잘못되면 마웅저 씨가 버마에서 했던 일들이 엉뚱하게 기록되는데, 한국어를 모르니 어디가 잘못되었는지조차 확인할 수 없었어요. 또 한 가지는 증거를 대기 어렵다는 점이었어요. 급하게 오느라 서류들을 전

혀 챙기지 못했는데, 법무부에서는 민주화 운동을 하면서 어떤 박해를 받았는지 충분한 증거를 내라고 하니 마웅저 씨로서는 난감할 수밖에 없었지요. 마지막으로, 우리나라 정부가 버마에서 온 민주화 운동가들을 난민으로 인정해 주면, 버마 정부와 외교적으로 껄끄러워지지 않을까 걱정하는 점도 영향을 미쳤다고 하는군요.

 2008년, 그러니까 무려 8년 동안 애쓴 끝에 마웅저 씨는 겨우 난민 지위를 얻게 되었답니다. 한국에서 난민으로 인정받기가 얼마나 어려운지 짐작할 수 있지요?

난민으로 인정받은 후에 마웅저 씨는 더욱더 한국의 민주화 운동을 배우는 데 열중했어요. 당장이라도 고국으로 돌아가 민주화 운동에 앞장서고 싶지만 아직 위험하기도 했고, 시민들의 힘으로 독재 시대를 끝내고 민주화를 이룩한 한국에서 배울 것이 많다고 판단했기 때문이에요.

2008년, 마웅저 씨는 '따비에'라는 시민 단체를 만들어 본격적으로 난민촌 아이들의 교육을 돕기 시작했어요. 따비에는 버마에서 평화와 행복 그리고 안녕을 상징하는 나무의 이름이라고 해요. 그 무렵 마웅저 씨는 한국인 의사, 평화 활동가들과 난민촌에 갔어요. 그곳에서 지내는 아이들에게 가장 필요한 것이 무엇인지 물었는데, 놀랍게도 한결같이 모두 "도서관이요."라고 답했대요. 그 후로 지금까지 마웅저 씨는 여러 후원자들과 함께 난민촌과 버마에 네 개의 도서관을 세웠답니다.

도서관은 생겼지만 책장은 텅 비어 있었어요. 책을 구하기가 너무 힘들었고, 버마에는 독재 국가를 찬양하는 내용으로 이루어진 책들밖에 없었거든요. 고민 끝에 한국 작가들의 허락을 얻어 한국어 동화책들을 번역하기 시작했어요. 이렇게 7년간 동화책 1만 5천여 권을 만들어 냈답니다.

얼마 전에 만난 마웅저 씨의 얼굴에는 미소가 떠나지 않았어요. "아직 갈 길이 멀다."고는 하지만, 버마에는 이제 민주화 움직임이 시작되었으니까요. 마웅저 씨는 아이들이 도서관에서 음악과 미술을 배우며 버마어로 된 동화책도 읽을 수 있다며 좋아했어요. 마웅저 씨와 친구들이 꾸준히 애쓰고 있으니, 난민촌 아이들의 얼굴에도 웃음꽃이 필 날이 오겠지요?

 꼬마 시민 카페

# 버마의 마더 테레사, 신시아 마웅

태국의 메솟 지역에는 유명한 병원이 하나 있어요. 바로 신시아 마웅이라는 여의사 선생님이 맡고 있는 메타오 병원이랍니다. 신시아 마웅 박사님은 버마의 소수 민족인 카렌족 출신으로 양곤 대학교 의대를 졸업한 지식인이에요. 8888 항쟁 때 군부 독재에 맞서 민주화 운동을 하다가 탄압이 심해지자, 1989년에 메솟 지역으로 와서 버마 난민들을 위한 병원을 세우게 되었어요. 그 후로 지금까지 하루에 500명씩 몰려오는 난민들을 헌신적으로 치료하고 있답니다.

신시아 마웅 박사님은 2015년 한국에서 '일가상'이라는 큰 상을 받았어요. 그동안 이룬 업적을 높게 평가받은 것이지요. 그때 한국의 젊은이들에게 이런 연설을 했어요.

"수많은 버마 난민들과 땅을 잃은 사람들, 이주 노동자들은 분명히 희생자이지만 동시에 이들이야말로 버마의 미래를 이끌어 갈 희망의 상징입니다."

신시아 마웅 박사님이 평생을 바쳐 버마 난민들을 위해 일하는 이유도 바로 여기에 있겠지요? 난민 아이들 가운데 버마의 미래를 이끌어 갈 주인공들이 나올 테니까요.

한편 한국의 남북 관계에 대해서도 조언을 아끼지 않았어요. 신시아 마웅 박사님은 "남북은 단일 인종, 단일 언어, 단일 문화 전통을 가지고 있지만, 정치적으로 분단돼 더 비극적이라고 생각합니다. 남과 북의 사람들이 서로 존중하고 이해할 수 있도록 교육이 바뀌어야 합니다."라고 강조했어요. 결국 싸움과 전쟁은 서로 차이를 인정하지 않고 존중하지 못하는 데서 비롯되는 것이죠. 한반도 평화를 위해 신시아 마웅 박사님이 하신 말씀을 마음에 새겼으면 좋겠어요.

# 대한민국에서 난민들은 어떻게 살아갈까요?

우리나라에는 난민이 몇 명쯤 있을까요?

우리나라는 1992년에 난민을 보호하겠다고 약속하는

'국제 난민 협약'에 가입했어요.

하지만 안타깝게도 그 약속을 잘 지키지 않고 있어요.

2016년 4월까지 난민 지위를 신청한 사람은 17,523명인데,

겨우 592명만 인정을 받았어요.

난민 인정률이 약 3.4퍼센트 정도이지요.

세계 평균 난민 인정률은 30퍼센트가 넘는대요.

우리나라에서 난민들은 어떻게 살아가고 있을까요?

몇 가지 이야기를 통해서 살펴보아요.

## 난민 신청서, 이게 뭐야?

미야 씨는 콩고에서 미국 대사관에 다녔어요. 어느 날 느닷없이 간첩 누명을 쓰고 감옥에 갇힐 뻔하다가 친구의 도움으로 탈출에 성공해 한국으로 왔답니다. 그때가 2004년이었어요. 다행히 같은 나라에서 온 난민을 만나 결혼도 하고 아이도 낳았지요.

한국에 온 지 3년쯤 지나 안산이라는 동네로 이사를 왔을 때예요. 미야 씨가 은행에 돈을 찾으러 갔는데, 은행 직원이 위아래로 훑어보더니 신분증을 요구했어요. 본인이 맞는지 확인해 보겠다면서요. 미야 씨는 우물쭈물하다 지갑에서 '난민 신청서'라고 적힌 종이를 꺼내 보여 주었어요.

"이게 뭐예요? 외국인 등록증 없어요? 카드로 된 거."

"노노. 업써요. 아이 해브 온니 디스."

"뭐라는 거야? 난 모르겠으니 외국

인 등록증 갖고 오세요."

아직 한국말이 서투른 미야 씨는 뭐라고 설명을 하고 싶었지만 역부족이었어요. 당장 돈을 찾아야 장도 보고 필요한 물건도 살 터인데 발만 동동 구를 뿐이었답니다.

난민으로 인정받기 전까지 난민들에게 신분증이라고는 '난민 신청서' 한 장이 전부예요. 외국인들은 주민 등록증 대신 외국인 등록증(외국인 신분을 보장하기 위해 출입국 관리 사무소에서 발급하는 문서)이라는 카드를 발급받을 수 있고, 그 위에 주민 등록 번호처럼 외국인 등록 번호가 찍혀 있어요. 미야 씨 같은 난민 신청자들은 그런 번호가 없는 사람들이에요. 컴퓨터로 조회를 해도 나오지 않는 '투명 인간' 같은 사람들이랍니다. 그래서 은행에 돈이 있어도 찾을 수 없는 곤란한 상황에 처하는 거지요.

## 돼지고기는 싫어요

버마에서는 온 주니는 로힝기야족 출신이에요. 불교 국가인 버마에서 이슬람교를 믿는다는 이유로 박해를 받는 소수 민족이라고 합니다. 주니는 영문도 모른 채 부모님을 따라 한국으로 오게 되었어요.

한국에 온 지 얼마 안 되어 중학교에 들어갔는데 하루하루가 괴로웠어요. 한국어를 몰라서 수업을 듣기 어려운 것도 있었지만, 가장 힘든 것은 점심시간이었어요. 이슬람교를 믿는 사람들은 종교적인 이유로 돼지고기를 먹지 않는데, 선생님은 무조건 음식을 남기지 말고 다 먹어야 한다고 하셨어요. 주니가 돼지고기를 먹지 않겠다고 끝까지 고집을 피우자, 선생님은 몹시 화를 내셨어요. 아이들도 옆에서 덩달아 비웃으며 놀렸고요.

그런 일이 몇 번 반복되자, 주니는 학교에 가기 싫어졌어요. 종교 때문에 박해를 받아 한국으로 온 것인데, 한국 학교에서도 이해받지 못하고 힘들기는 마찬가지였어요. 게다가 피부색이 다르다고 '시커먼스'라고 놀리는 것도 듣기가 싫었어요.

주니는 부모님과 상의한 끝에 학교를 그만두기로 했어요. 다행히 동네에 방과 후 공부방이 있어 매일 오후에 가서 재밌는 프로그램에 참여하고, 수학과 영어도 공부할 수 있게 되었어요. 작은 교회에서 운

영하는 공부방인데, 그곳에서는 돼지고기를 먹으라고 강요하지 않아 좋다고 해요. 앞으로도 주니는 정규 학교로 돌아가지 않을 생각이에요. 방과 후 공부방에서 꼭 필요한 공부를 하고, 나중에 기술을 배워 아빠처럼 용접공이 되는 게 꿈이랍니다.

## 고생 끝에 낙이 온다고요?

콩고에서 큰 부족의 왕족이었는데 한국에 난민으로 와서 교수가 된 욤비 씨를 기억하죠? 욤비 씨는 콩고에서 최고의 엘리트였어요. 수도 킨샤사에 있는 국립 대학에서 경제학을 공부했고 콩고 비밀 정보국에 들어가 비밀 정보원으로 활동했지요. 대통령의 잘못을 지적해 체포되기 전까지는 으리으리한 집에 살면서 좋은 차를 타고 다녔다고 해요.

그렇게 많이 배우고 권세를 누렸던 지식인이어도 한국에 난민으로 오면 할 수 있는 일이 별로 없어요. 신분증도 제대로 없고 한국말도 잘 못하는 데다 피부색이 검다고 싫어하기 때문에 좋은 일자리를 구할 수가 없답니다.

욤비 씨가 처음 일하러 간 곳은 서울 충무로에 있는 인쇄소였어요. 거기서 생전 처음 육체노동이라는 걸 해 봤다고 해요. 아프리카 사람이라고 해서 모두 '타잔'처럼 거적 하나 걸치고 밀림에서 나무를 타고 다니지는 않는답니다. 욤비 씨처럼 공부를 많이 한 사람들은 보통 콩고에서도 양복을 입고 사무실에서 일을 하죠. 한국하고 똑같다고 생각하면 돼요.

육체노동을 처음 해 보는 터라 욤비 씨는 여러 가지 실수를 많이 했다고 해요. 종이 뭉치를 나르다가 떨어뜨려 못 쓰게 만든 일도 있었고요. 한번은 종이 절단기를 잘못 눌렀다가 동료 아저씨의 손이 잘릴 뻔한 아찔한 일도 있었다고 하는군요.

결국 욤비 씨는 무서워서 인쇄소를 그만두고 사료 공장으로 갔어요. 거기서 욤비 씨는 이름이 없이 지냈어요. 공장 사람들이 보통 "깜둥이 새끼야!"

라고 불렀거든요. 그러든 말든 욤비 씨는 열심히 사료 만드는 일을 했어요. 틈틈이 테이프를 들으며 영어를 배우는 것도 게을리하지 않았죠.

몇 년이 지나 욤비 씨는 좋은 변호사들을 만나 6년 만에 난민으로 인정받았어요. 공장에서 같이 일하던 사람들과도 친해져서 떠나올 때는 서로 부둥켜안고 울었답니다. 많은 한국인 친구들이 모금을 해 준 덕분에 그리워하던 가족들을 한국으로 초청할 수 있었어요.

욤비 씨에게 물어보았어요.

"난민으로 인정받았는데, 혹시 유럽이나 미국으로 갈 생각이 없나

요? 한국보다는 프랑스어나 영어가 되는 나라에서 사는 게 편하잖아요?"

"물론 편하기는 하죠. 언어도 더 잘 통하고, 피부색 때문에 차별당하는 일이 적을 테니까요. 하지만 저는 한국이 좋아요. 여기서 좋은 친구들을 많이 사귀었거든요. 콩고에 이런 속담이 있어요. '사과를 따러 나무에 올라가 벌레에 쏘이면 아프다. 하지만 내려와 달고 맛있는 사과를 먹을 땐 다 잊어버린다.' 한국에 처음 와서 힘들었던 걸 이제 다 잊었어요."

욤비 씨를 보면 참 지혜로운 사람이라는 생각이 듭니다. 그 덕분인지 욤비 씨는 요즘 한국에서 '스타'가 되었어요. 유엔에서 주최하는 국제회의도 많이 다니고 텔레비전이나 신문에도 자주 나온답니다. 난민들의 인권을 위해 밤이고 낮이고 뛰어다니며 일하는 멋진 분이에요. 욤비 씨 덕분에 한국 사람들이 난민에 대해 알게 되고, 난민에 대해 좋은 인상을 갖게 되는 것 같아요.

## 한국을 선택한 게 아니에요

난민에 대한 강연을 하면 사람들은 흔히 "난민들이 왜 한국을 선택했나요?"라고 물어봅니다. 난민들이 한국에 자기 발로 찾아오기는 했지만, 스스로 한국을 선택하지 않은 경우가 많아요. 좀 어리둥절하죠? 그럼 누가 선택했다는 말일까요? 보통은 다급한 상황에서 친구들이나 친척들이 비자 만드는 것을 도와주는데, 그 당시에 비자가 빨리 나오는 나라 가운데 아무 나라나 고르는 것이지요.

어떤 난민 아저씨는 우리나라에 대해 아는 것이 거의 없었다고 해요. 오히려 뉴스에서 북한 이야기를 많이 봐서, 한국에 간다고 들었을 때 당연히 북한에 가는 줄 알았다고 하는군요. 참 웃지 못할 이야기이지요?

선택하지 못하고, 준비할 겨를도 없이 오는 난민들은 그래서 처음에 적응하기가 쉽지 않아요. 언어도 음식도 너무 낯선 데다 아는 사람이라고는 한 명도 없고, 가져온 돈도 충분하지 않거든요. 10년 전에 한국에 왔다는 한 난민 여성은 처음에 뭘 먹어야 할지 겁이 나 밥에 설탕만 뿌려서 먹었다고 합니다. 다행히 지금은 감자탕, 떡볶이, 순대와 같이 한국 음식을 가리지 않고 골고루 잘 먹게 되었고, 한국어를 듣고 이해하는 데 아무런 문제가 없지만요.

# 난민과 함께하는 단체들

### 피난처

피난처 이호택 대표는 난민 활동가들의 대부라고 불린답니다. 한국에 난민이 있다는 사실을 처음 알린 분이거든요. 피난처는 난민들을 위해 '토털 서비스'를 합니다. 가장 필요한 법률 지원은 물론이고 상담과 의료 지원도 연결해 줘요. 마땅히 머물 곳이 없는 난민들을 위해 쉼터도 운영하지요. 또 'Jump'라는, 직업을 찾아 주는 프로젝트에 힘을 쏟고 있어요.

### 에코팜므

에코팜므는 박진숙 대표가 2009년 5월에 설립한 단체입니다. 에코팜므는 프랑스어로 '생태+여성', 혹은 '경제+여성'이라는 의미를 지니고 있어요. 생태적인 방식으로 핸드메이드 제품을 만들어 난민 여성들의 경제 사정을 나아지게 한다는 목적이 담긴 것이지요. 에코팜므는 주로 아프리카 여성들과 함께 활동하면서 '난민들은 멋진 일을 하는 사람들'이라는 사실을 알리고 있답니다.

### 난민인권센터

난민인권센터는 피난처에서 간사로 일하던 김성인 국장이 2009년 3월에 설립한 단체입니다. 하는 일은 피난처와 비슷해요. 난민들이 난민인권센터에 발을 들여놓는 순간 법률 지원을 비롯해 생활 전반에 걸친 모든 서비스를 직접 받거나 소개받을 수 있답니다. 이 단체에서 눈여겨볼 점은, 난민과 관련된 최신 정보들을 가장 빠르고 정확하게 업데이트한다는 것입니다. 난민 관련 통계들을 6개월 단위로 정부에 요구해서 홈페이지에 올리거든요.

### 어필

어필 앞에는 '공익법센터'라는 말이 붙어요. 공적인 이익을 위해 일하는 변호사들이 모인 단체라는 뜻이지요. 현재 어필에는 5명의 변호사들이 네 가지 일에 힘을 쏟고 있어요. 첫째는 난민들의 소송을 대리하고, 둘째는 보호소에 갇혀 있는 외국인들의 인권을 보호하고, 셋째는 성매매로 이용당하는 이주 여성들의 억울함을 풀어 주고, 넷째는 한국 기업들이 외국으로 진출해 현지인들의 인권을 착취하는 상황을 조사해 보고하는 일을 합니다.

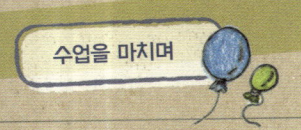

수업을 마치며

# 난민과 함께하는 일, 참 쉽죠?

어때요? 난민이라는 단어가 그리 멀리 있는 것이 아니지요? 이 책을 통해 여러분은 난민들이 단순히 불쌍한 사람이거나 떠돌이가 아니라, 얼마나 용기 있는 사람들인지 알게 됐을 거예요.

지금까지 여러분에게 시리아 난민, 콩고 난민, 티베트 난민, 그리고 버마 난민의 이야기를 들려주었어요. 난민이라는 주제가 결코 쉽지 않은 데다, 난민이 되는 상황이 참 가혹하기 때문에 이야기가 좀 어렵고 슬프게 느껴졌을지도 모르겠어요. 하지만 지금 이 순간에도 세계 여러 나라에서는 끊임없이 마음 아픈 싸움들이 벌어지고, 그 과정에서 어쩔 수 없이 난민들이 생겨나고 있어요. 우리가 시간 없다고, 아니면 반찬이 마음에 안 든다고 투정 부리며 외면하는 아침 밥상이, 어떤 난민 아이에게는 며칠 동안 굶다가 꿈에서만 그리는 한 끼일 수도 있다는 사실을 기억해 주세요.

혹시 네 나라의 난민 이야기에서 무언가 공통점을 발견했어요? 같이 한번 꼽아 볼까요?

- 식민지 지배와 더불어 독재를 오랫동안 겪은 나라들이다.
- 힘없는 시민들의 작은 항거가 큰 항쟁으로 발전되었다.
- 강대국들이 끼어들면서 사태가 더 악화되었다.
- 타국으로 망명한 난민들은 언젠가 고국으로 돌아갈 희망을 품고 있다.
- 난민 아이들은 제대로 된 교육을 받기 힘들지만 여전히 미래의 희망이다.

이 책에서 여러분이 꼭 알고 넘어갔으면 하고 바라는 것이 있어요. 정치적인 상황들이나 자원을 둘러싼 강대국들 사이의 다툼 같은 큰 문제들은 나중에 여러분이 커서 공부를 하면 알게 되겠지요. 그런 크고 어려운 문제들보다 여러분이 주목할 점은 '난민들도 똑같은 사람'이라는 사실이에요. 난민들을 마치 별나라에서 온 외계인처럼 생각하지 말았으면 좋겠어요. 세상에 그 어느 누구도 '나는 절대로 난민이 될 일은 없을 거야.'라고 확신할 수 없어요.

모든 난민들은 난민이 되기 전까지 평화로운 삶을 살아가던 사람들

이었어요. 선생님으로, 요리사로, 혹은 학생으로 하루 종일 열심히 지내다가 집으로 돌아가면 따뜻한 저녁밥을 먹었겠지요. 밥을 먹고 나면 가족들과 거실에 앉아 개그 프로를 보며 배꼽을 잡고 웃기도 했을 테고요. 그 사람들 가운데 누구도 난민이 되고 싶었던 사람은 없었을 거예요.

더 이상 난민이 없는 세상이 왔으면 좋겠지만 사람들이 더 많이 가지려고 욕심을 부리는 한 그것은 헛된 바람일 뿐이에요. 그러면 우리 능력으로는 어림없는 일이니까 '아무것도 하지 말자.'며 무관심하게 있어야 할까요? 난민이 한 명이라도 줄어들 수 있도록 여러분이 기여할 만한 작은 일들이 뭐가 있을까요?

이런 일들을 실천해 보도록 해요.

- 난민에 대해 관심을 갖고 뉴스에서 관련된 기사들을 유심히 본다.
- 난민에 관한 책을 읽고 친구들과 진지하게 이야기를 나눈다.

- 난민 단체들이 벌이는 행사에 찾아가서 참여한다.
- 난민을 지원하는 단체들을 찾아보고 적은 금액부터 후원을 시작한다.
- 난민 단체들을 통해 난민 아이들과 친구가 되어 집으로 초청한다.

어때요? 난민과 함께하는 일, 참 쉽죠? 한 사람이라도 더 난민 문제에 관심을 갖고 작은 실천들을 해 나간다면 난민들이 흘려야 할 눈물이 줄어들 거예요. 용기를 내어 위에서 말한 일들 가운데 하나라도 시작하길 바랍니다.

### 세계 시민 수업 ❶ 난민
왜 목숨 걸고 국경을 넘을까?

초판 1쇄 발행 2016년 11월 24일 | 초판 10쇄 발행 2024년 7월 19일
글쓴이 박진숙 | 그린이 소복이
펴낸이 홍석 | 이사 홍성우 | 편집부장 이정은 | 편집 조유진 | 기획·책임 편집 이해선
디자인 권영은·김영주 | 외주디자인 권승희 | 마케팅 이송희·김민경 | 제작 홍보람 | 관리 최우리·정원경·조영행
펴낸곳 도서출판 풀빛 | 등록 1979년 3월 6일 제2021-000055호
주소 서울특별시 강서구 양천로 583 우림블루나인 A동 21층 2110호
전화 02-363-5995(영업) 02-362-8900(편집) | 팩스 070-4275-0445
전자우편 kids@pulbit.co.kr | 홈페이지 www.pulbit.co.kr
블로그 blog.naver.com/pulbitbooks | 인스타그램 instagram.com/pulbitkids

ⓒ 박진숙, 소복이 2016
ISBN 978-89-7474-115-0 74300
ISBN 978-89-7474-114-3 (세트)

사진 저작권 11쪽 ⓒ Thomas koch / Shutterstock.com 25쪽 ⓒ Anjo Kan / Shutterstock.com
41쪽 ⓒ Sam DCruz / Shutterstock.com 57쪽 ⓒ Zzvet / Shutterstock.com 71쪽 ⓒ OlegD / Shutterstock.com

이 도서의 국립중앙도서관 출판시도서목록(CIP)은 서지정보유통지원시스템 홈페이지(http://seoji.nl.go.kr)와
국가자료공동목록시스템(http://www.nl.go.kr/kolisnet)에서 이용하실 수 있습니다.
(CIP제어번호: 2016023119)

＊책값은 뒤표지에 표시되어 있습니다.
＊파본이나 잘못된 책은 구입하신 곳에서 바꿔 드립니다.

＊한국출판문화산업진흥원 2016년 우수출판콘텐츠 제작 지원 사업 선정작입니다.

| KC | 품명 아동 도서 | 사용연령 10세 이상 |
|---|---|---|
| | 제조국 대한민국 | 제조년월 2024년 7월 19일 |
| | 제조자명 풀빛 | 연락처 02-363-5995 |
| | 주소 서울특별시 강서구 양천로 583 우림블루나인 A동 21층 2110호 | |
| | 주의사항 종이에 베이거나 긁히지 않도록 조심하세요. | |
| | 책 모서리가 날카로우니 던지거나 떨어뜨리지 마세요. | |
| | KC마크는 이 제품이 공통안전기준에 적합하였음을 의미합니다. | |

볼로냐 라가치 상 논픽션 대상 수상작
# 내일을 위한 책 시리즈

볼로냐 라가치 상 대상 수상

> **올바른 사회를 만들어 가기 위해
> 내일의 주인공인 어린이들이 꼭 읽어야 할 책!**
>
> 독재, 사회 계급, 민주주의, 여자와 남자(양성평등) 등 사회적, 정치적 주요 주제들에 대해 어린이들이 열려 있도록 도와주고 그들이 만들 '내일'이 어떤 것이어야 하는지를 진지하게 생각해 보게 해 줍니다.

### 1권 독재란 이런 거예요

독재와 독재자가 무엇인지 그리고 독재 정부는 어떤 것인지 아이들의 눈높이에 맞춰 쉽게, 그러면서도 분명하게 설명합니다. 이름뿐인 민주주의를 구분하는 눈도 갖게 해 줍니다.

플란텔 팀 글 | 미켈 카살 그림 | 김정하 옮김 | 배성호 추천 | 48쪽 | 12,000원

### 2권 사회 계급이 뭐예요?

모든 사람은 평등하게 태어나지만, 힘이나 권력, 돈 등은 사람들을 불평등하게 만듭니다. 사회 계급이 왜 생겼는지, 각 계급의 특징은 무엇인지 그리고 각 계급 간의 관계는 어떠한지에 대해 설명합니다.

플란텔 팀 글 | 호안 네그레스콜로르 그림 | 김정하 옮김 | 배성호 추천 | 48쪽 | 12,000원

### 3권 민주주의를 어떻게 이룰까요?

우리가 이루고자 끊임없이 노력해야 하는 것, 민주주의에 대해 이야기합니다. 아이들에게 어려운 개념일 수 있는 민주주의를 아이들에게 익숙한 '놀이'에 비유하며 쉽게 접근할 수 있게 합니다.

플란텔 팀 글 | 마르타 피나 그림 | 김정하 옮김 | 배성호 추천 | 48쪽 | 12,000원

### 4권 여자와 남자는 같아요

우리 사회에 아직도 존재하는 남녀 차별과 우리가 이루어야 할 양성평등에 대한 이야기입니다. 여자와 남자는 거의 모든 면에서 똑같은 존재이며, 동등한 권리를 가졌다는 것을 알려 줍니다.

플란텔 팀 글 | 루시 구티에레스 그림 | 김정하 옮김 | 배성호 추천 | 48쪽 | 12,000원